VIVA FELIZ
100 dicas para a felicidade

Pe. JOÃO CLÍMACO CABRAL, C.Ss.R.

VIVA FELIZ
100 dicas para a felicidade

EDITORA
SANTUÁRIO

DIREÇÃO EDITORIAL:
Pe. Fábio Evaristo R. Silva, C.Ss.R.

REVISÃO:
Sofia Machado

COORDENAÇÃO EDITORIAL:
Ana Lúcia de Castro Leite

DIAGRAMAÇÃO E CAPA:
Bruno Olivoto

COPIDESQUE:
Denis Faria
Bruna Vieira da Silva

**Dados Internacionais de Catalogação na Publicação (CIP)
(Câmara Brasileira do Livro, SP, Brasil)**

Cabral, João Clímaco, 1930-2009
 Viva feliz: 100 dicas para a felicidade / João Clímaco Cabral. – Aparecida, SP: Editora Santuário, 2003.

 ISBN 85-7200-842-X

 1. Conduta de vida 2. Deus – Amor 3. Felicidade 4. Vida cristã I. Título. II. Série.

03-0367   CDD-248.2

Índices para catálogo sistemático:
1. Felicidade: Vida cristã: Cristianismo 248.2

12ª impressão

Todos os direitos reservados à **EDITORA SANTUÁRIO** – 2023

Rua Pe. Claro Monteiro, 342 – 12570-045 – Aparecida-SP
Tel.: 12 3104-2000 – Televendas: 0800 - 016 00 04
www.editorasantuario.com.br
vendas@editorasantuario.com.br

APRESENTAÇÃO

A finalidade deste livro é ensinar as pessoas a serem felizes. Há muitos indivíduos que sabem viver felizes e contentes, mas há outros que não sabem viver e sofrem muito. Exemplo: Uma pessoa que sabe conduzir bem um carro o faz alegre e sem dificuldades, mas quem não sabe, conduz com nervosismo e sofre ao volante. Assim também é a vida. Quem sabe viver o faz feliz e contente, mas quem não sabe, arrasta a vida com dificuldade e esforço. É necessário aprender a viver, para que a vida seja proveitosa.

Depois de atender milhares de pessoas, cheguei à conclusão de que o sofrimento existe no mundo, porém muitos sofrem sem necessidade. Muitos ficam reclamando da vida. Ela é um dom de Deus e nos dá grandes lições. Muitos não sabem viver, sofrem e fazem outros sofrerem. Quem sabe viver vive feliz.

As histórias também nos ensinam. Um dia, atendi uma moça de boa aparência, de classe média alta, aparentando seus 20 anos. Perguntei: "Por que você veio aqui?" Ela me respondeu: "Ontem eu saí da cadeia. A polícia pegou 200 gramas de maconha dentro da minha bolsa. Prenderam-me, saí, estou aqui, e no próximo mês tenho de responder a um processo.

Moça jovem, bonita, rica, mas escrava das drogas.

Outro dia, atendi um senhor que havia perdido o emprego, sua esposa fora embora com os filhos e ele não sabia mais o que fazer da vida. "Mas por que esses problemas?", perguntei-lhe. A resposta foi esta: "Bebo todos os dias da semana, menos na segunda-feira, porque nesse dia eu fico num porre e só bebo água". Pobre homem, escravo do álcool!

Uma senhora, separada do marido, veio conversar comigo porque não aguentava mais a vida. Qual é o problema?", perguntei-lhe. E ela me respondeu: "Eu sou filha da minha mãe, mas não do marido dela. Eu sou fruto de uma infidelidade conjugal. Mandei meu marido embora, porque ele foi infiel a mim".

Uma mãe, com sua filha de 16 anos, procurou-me, dizendo: "Minha filha está grávida e o pai da criança é o pai dela, meu marido". A filha foi ameaçada e depois estuprada. Um pai pedófilo e uma menor vítima. O sofrimento já é grande e muitos outros virão. A criança que vai nascer é filha do homem que deveria ser seu avô.

Assim, problemas e mais problemas vão aparecendo. A pessoa que toma o caminho errado sofre, e muito. O mundo atual está precisando de Deus. Muitas crianças que nascem não são amadas. Muitos jovens, que poderiam ser livres, são escravos do sexo livre e da droga fácil. Muitos casais separados destroem a vida, o lar, e debaixo dessa ruína estão os sofrimentos dos filhos, esposas e maridos.

O mundo precisa mudar e isso só será possível se as pessoas mudarem. A mudança tem de ser para o bem, para o AMOR, que é Deus, e para a felicidade. Sem Deus é impossível ser feliz. Ele é a própria felicidade.

Um dia, encontrei uma senhora cega, conduzida por uma amiga, que não se separava dela. A cega estava feliz, conversava com alegria e estava sempre sorridente. Trabalhava com leitura em braile. Enfim, uma deficiente visual vivendo feliz e transmitindo felicidade.

Um belo dia fui cercado por muitas crianças alegres e felizes. Todas queriam me abraçar. A professora que as acompanhava também estava feliz. Quanta alegria naqueles corações; quanta paz e felicidade no sorriso daqueles pequenos. Felicidade que contamina e transmite a alegria de viver.

Uma vez encontrei um rapaz de 22 anos, estudante de engenharia, que transmitia muita paz na conversa com as pessoas. Jovem realizado, religioso e muito feliz. Anda de cadeira de rodas porque é portador de deficiência nas pernas. Exemplo de pessoa que sabe viver, porque aceita as circunstâncias da vida.

Mais um exemplo de felicidade na aceitação dos limites: uma amiga que admiro muito. É professora formada, faz conferências em muitos encontros e foi a vereadora mais votada de sua cidade. Ela nasceu sem braços e sem pernas, também anda de cadeira de rodas, guiada por uma de suas tias. Já a convidei para fazer várias palestras e ela dá um show de alegria, uma lição de como viver feliz.

O ser humano foi criado por Deus para a felicidade. É feliz quem sabe administrar os vários momentos da vida; quem não sabe administrá-los pode ir pelo caminho errado e sofrer com as consequências.

Nesse contexto, escrevi este livro com o objetivo de ajudar as pessoas a viverem felizes, pois é a felicidade que desejo a você, que está iniciando a leitura deste livro.

1 SABER VIVER FELIZ

Este livro nos ensina a viver.
Quem sabe viver bem vive feliz, alegre e contente.
Quem não sabe viver, sofre muito e sem necessidade.

O poeta diz: "Serenidade eu vim buscar aqui, e aprender a ser feliz. Ter coragem de mudar o que pode ser mudado. Aceitar o que não muda, impossível de mudar".

Viver a vida é o grande segredo.
Cristo nos fala: "Eu vim para que tenhais a vida em plenitude".
Precisamos ter coragem de mudar aquilo que podemos.
Precisamos saber aceitar aquilo que é impossível mudar.
A felicidade está bem perto de nós e não sabemos.

2 AUTOESTIMA É FUNDAMENTAL NA VIDA

Esta história nos dá uma grande lição: um dia um doutor da lei, um advogado, aproximou-se de Jesus e lhe fez esta pergunta: "Mestre, qual é o grande mandamento, a lei áurea dentro da qual todos devem estar?" Uma pergunta jurídica feita a Cristo. O Mestre, com sua sabedoria, dá a resposta: "O grande mandamento é *Amar a Deus sobre todas as coisas e ao próximo como a si mesmo*. Este é o grande mandamento, no qual todos os homens e mulheres devem estar".

Fora desse mandamento não há felicidade.

3 AMAR É UM DOM

"Amar a Deus acima de todas as coisas e ao próximo como a si mesmo" (Lc 10,27; Mt 22,37).

O amor começa consigo mesmo.

Você vai amar a você, vai amar aquelas pessoas que estão próximas. Em seguida, vai amar todas as pessoas, até seus inimigos e até as pessoas que lhe desejam mal ou que perseguem você.

E acima de todas as pessoas você vai amar a Deus, com toda a sua força, com toda a sua inteligência.

O amor começa consigo mesmo.
Isso chama-se autoestima.
Sem autoestima não há felicidade.

4 O AMOR COMEÇA CONSIGO MESMO

Quem não ama a si mesmo não ama ninguém.

Não ama o pai ou a mãe, nem filhos e filhas, irmãos ou irmãs, nem o esposo ou a esposa. Pior de tudo: quem não ama a si mesmo não tem capacidade de amar a Deus.

Mais ainda: quem não tem autoestima não ama a si mesmo e não se deixa ser amado por ninguém. Para essa pessoa está faltando amor. Mas o que é o amor? A Bíblia diz: "Deus é Amor e aquele que permanece no Amor, permanece em Deus e Deus nele".

Seja feliz, tenha autoestima.

Comece a amar a si mesmo.

5 AME A SI MESMO E VIVA FELIZ

Quem não tem autoestima não ama a si mesmo, está fora do mundo, fora de órbita e do Evangelho.

Lembre-se sempre: Deus o fez a sua imagem e semelhança.

Foi Deus quem colocou você aqui neste mundo.

Você é muito importante.

Não existe outra pessoa igual a você.

Você tem uma missão em sua vida.

Ninguém nasce à toa. Suas qualidades são a manifestação de Deus em você.

Você é imagem de Deus.

Comece a amar você.

Aceite a si mesmo e comece a ser feliz.

6 ACEITAR A SI MESMO É UM SEGREDO

Eu preciso me amar e amar muito.

Eu preciso ter autoestima e começar a me valorizar.

Eu preciso viver minha vida.

Quem não tem autoestima está continuamente se matando.

Quem não se ama, não aceita sua pessoa, não gosta de si, acha-se feio e não quer viver.

O pensamento de morte é contínuo.

O pensamento de se suicidar vem, muitas vezes, à mente.

É hora de mudar.

Eu vou me amar, como Deus me fez.

Eu vou viver e viver feliz.

7 A NOSSA VIDA É UMA CONVIVÊNCIA

Quem vive convive. Quem não sabe viver não sabe conviver.

A realidade da vida é esta: nós não vivemos sozinhos.
Nós precisamos de outras pessoas e elas precisam de nós.
Nós temos pai, mãe, irmãos e irmãs, avós, tios, tias, vizinhos, amigos e inimigos.

Para conviver bem, precisamos viver bem.
Se estamos em conflito interno com nós mesmos, estaremos em conflito com as pessoas que nos rodeiam.

Vou viver minha vida e vou conviver bem com todas as pessoas, aceitando-as como são.
Quem vive convive.

8 FELIZ QUEM AMA

Quem ama sorri para a vida.
Quem odeia fecha o rosto.
Quem ama aceita e abençoa.
Quem odeia se revolta e critica.
Quem ama lança pontes de fraternidade.
Quem odeia levanta os muros da discórdia.
Quem ama perdoa.
Quem odeia se vinga.
Quem ama semeia flores.
Quem odeia planta desertos.
Quem ama perfuma os caminhos.
Quem odeia estraga as paisagens.
O amor ilumina tudo a sua volta.
O ódio escurece os horizontes.
O amor é saudável.
O ódio é doença.
O amor é remédio.
O ódio é veneno.
O ódio mata.
O amor ressuscita.

9 O AMOR DEVE SER ESTENDIDO A TODOS

É amando que somos amados. O grande Mandamento de Deus diz que devemos amar todas as pessoas.

Amar quem nos ama é muito fácil.

Amar uma pessoa antipática, que nos prejudica, que nos deseja o mal ou já nos prejudicou na vida, não é nada fácil.

Aí está a capacidade de amar. E para amar até nossos inimigos precisamos de Deus, que é o Amor. Deus é Amor e aquele que ama está com Deus e Deus com ele.

Se eu colocar Deus em minha vida, estou colocando o Amor nela. Com esse amor, vou amar todas as pessoas.

Felizes os que sabem amar.

10 O DOMÍNIO DE SI É MARAVILHOSO

Conviver bem tem um segredo: não fazer aos outros o que não quer que os outros façam a você.

Não revide uma ofensa.
Não queira se vingar.
Não levante a voz para quem o ofende.

Para fazer isso é necessária uma fortaleza muito grande.
Jogar pedra em quem nos atirou pedra é fácil.
Mas oferecer o lado esquerdo à pessoa que nos bateu na face direita precisa de muita força interior.

Essa força só conseguimos alcançar em Deus.
Deus é Amor.

11 NECESSIDADES BÁSICAS

Para nossa vida física, corpórea, precisamos como base de existência: comida, ar, água e calor.

Para o sustento de nossa vida psíquica ou sentimental, precisamos de amor e carinho. Sem eles ficamos psiquicamente doentes.

Aprendamos a viver:

É plantando que se colhe.

É dando que se recebe.

É dando muito carinho que vamos receber carinho.

É amando que seremos amados.

12 APRENDA A VIVER FELIZ

De hoje em diante viva bem, para conviver bem.
Viva alegre e feliz, para transmitir felicidade.

Use sempre a capacidade de saber perdoar.
É perdoando que se é perdoado.
Nunca mais deixe-se ferir em seu íntimo.

Viva bem consigo mesmo.
Viva bem com o próximo.
Viva bem com Deus,
conversando com Ele e recebendo-o dentro de você.

Feliz quem sabe viver e vive sempre feliz.

13 VIVER SÓ O DIA DE HOJE

O segredo da felicidade é viver bem o dia de hoje.
A vida é somente hoje.
Passado não existe mais.
Futuro não existe ainda.

Um dos segredos da felicidade é ter vida plena, e para isso é necessário viver bem o dia de hoje.

Vou dormir contente, para acordar alegre e feliz.
O sol volta a brilhar para todos nós.
Deus está me presenteando com mais um dia em minha vida.
A escuridão da noite foi substituída pela luz do sol.
O resplendor de um novo dia traz a beleza das cores.
Os passarinhos voltam a cantar.
As flores transmitem alegria. Eu vou viver o hoje, com toda a alegria.
Hoje, eu sou feliz.

14 VIVER A VIDA É VIVER DIA A DIA

Comece seu dia feliz.
Deus está com você, a natureza sorri, as flores transmitem alegria.

O poeta nos fala:
Viver a vida é viver o dia a dia,
instante a instante,
sem viver o passado.
Viver com amor, sentindo-se amado.
Viver cada dia, viver as dores, as alegrias.
Cante, cante bem alto.
Viva a vida contente, viva feliz,
pois a vida é da gente.

Felizes aqueles que sabem viver.
Viver o dia de hoje contente,
pois esse dia é mais um dom de Deus.

15 DIA BEM VIVIDO E BEM DIVIDIDO

Saiba dividir seu dia e você terá uma vida organizada.

O dia deve ser assim:
oito horas para trabalhar,
oito horas para cuidar de si:
alimentar-se, divertir-se, relacionar-se etc.,
oito horas para dormir.

O trabalho faz parte da vida. Quem não ocupa seu tempo coloca muitas minhocas na cabeça.

E quem coloca a mente contra si mesmo está perdido, não tem capacidade para ser feliz.

Viva só o dia de hoje, feliz e com muita alegria.

16 DORMIR BEM E LEVANTAR CONTENTE

Deus fez tudo muito bem.
À tarde, o sol vai desaparecendo.
Vem a noite. A luz brilha calma e tranquila.
Pequenas luzes começam a brilhar, são as estrelas.
Tudo é tranquilo.
As aves e os animais já estão dormindo.

Pobre homem que não olha mais para o alto.
Acende todas as luzes de sua casa.
A televisão ligada em um tom bem alto.
Às onze horas da noite, o pobre ser humano
vai para a farra, para os bailes.
Dormir tranquilo, nunca.

Consequências: o nervosismo está estampado
em sua face.
A correria faz de sua vida uma corrida, uma disputa,
um torneio, uma concorrência.
Pobre homem, fora da natureza, sem saber viver.

Feliz aquele que sabe viver sua vida.

17 O SONO É MAIS DO QUE UMA NECESSIDADE

O sono é uma necessidade essencial para nossa vida.
Nossa mente trabalha o dia inteiro,
depois nós precisamos descansá-la por meio do sono.

Felizes os que dormem tranquilos oito horas por dia.
Essas pessoas acordam com a mente descansada,
pensam melhor e trabalham melhor.

Pessoas que não dormem não descansam a mente,
o cérebro.
O primeiro sintoma da neurose é a insônia.
A mente dessa pessoa já está cansada.
Pessoas que não dormem direito não vivem direito.

Felizes os que sabem dormir, sem precisar de remédio.

18 A INSÔNIA É UM MAU SINAL

Corpo cansado dorme, cabeça cansada não dorme.

O caminhar, o exercício físico, o trabalho com o uso do corpo fazem parte de nossa vida. Pessoas que cansam o corpo dormem bem.

As pessoas que trabalham só com a mente não cansam o corpo, com o tempo não dormem direito, não descansam a mente e, como consequência, o trabalho não rende. Essas pessoas envelhecem precocemente.

Durma oito horas todos os dias e você terá uma mente sadia.

Nós somos a mente que comanda e o corpo que obedece.

Se a mente estiver cansada não comanda direito.

Feliz quem dorme bem.

19 MENTE SADIA DIRIGE A PRÓPRIA VIDA

Nós somos mente que comanda e corpo que obedece.

Nossa mente é um fenômeno extraordinário da natureza. Todo o nosso corpo está em contato com a mente. E ela está em contato com todas as células do corpo. A mente dirige todos os nossos passos, movimentos, planos, pensamentos e ideias.

Além do nosso consciente, temos nosso inconsciente, que guarda tudo o que acontece em nossa vida. Temos ainda a memória, parte do cérebro que nos recorda os fatos, os números, pensamentos e tudo o que vemos. O corpo humano é uma maravilha feita por Deus.

Cuide bem de sua mente para você ser feliz.

20 MENTE CANSADA NÃO DORME

A mente humana não pode trabalhar vinte e quatro horas, apenas dezesseis horas. As oito restantes devem servir para descansar, desligando de tudo por meio do sono.

Quanto mais profundo for o sono, melhor. É sempre bom repetir: corpo cansado dorme, mente cansada não dorme.

Muitas coisas cansam nossa mente, especialmente o excesso de trabalho mental, as preocupações da vida e os problemas de cada dia.

Seja feliz, sabendo cuidar bem de sua mente.

21 EU COM DEUS E DEUS COMIGO

Deus.

Um Ser superior a nós, que vive desde toda a eternidade e que é o Criador de todo o Universo.

Foi Ele que nos criou e nos colocou neste mundo.

Deus disse: "Façamos o homem e a mulher a nossa imagem e semelhança".

Nossas qualidades são a manifestação de Deus em nós.

Leia: DEUS
Leia agora: D (EU) S.

Eu estou em D (EU) S e DEUS está em mim.

A felicidade está bem perto de nós e não percebemos.
Viva com Deus e seja muito feliz.

22 A VIDA É UM DOM DE DEUS

Deus é o Criador de todas as coisas. Ele nos deu a vida e nós somos a imagem de Deus e temos uma missão para ser realizada neste mundo.

A vida é um dom muito grande. Não é só ficarmos nove meses dentro do útero materno, nem ficar noventa anos aqui na terra. A vida continua no céu, nós vamos viver com Deus eternamente.

O céu, que é uma felicidade muito grande, espera-nos.

O sofrimento deste mundo não é nada em comparação com a felicidade que vamos ter na pátria celeste.

Ofereça todo o seu sofrimento para Deus, você estará garantindo o céu.

A felicidade na terra é limitada, mas a felicidade do céu é completa.

23 QUE MISTÉRIO: SER DEUS COM DEUS

O que é o céu? É difícil descrevê-lo, pois nós não o vimos ainda.

Cristo no Evangelho de São João disse algo impressionante:
"Vós sereis deuses com Deus".
No céu vamos participar da natureza divina.
Vamos participar da vida de Deus.
Vamos participar da felicidade de Deus.
Vamos participar da beleza de Deus.

Agora, podemos entender melhor a palavra D (EU) S.
Eu em Deus e Deus em mim.
No céu vamos participar de toda a felicidade de Deus.
Que maravilha!

24 NÓS SOMOS IMORTAIS

Nós temos um Eu dentro de nós. Esse Eu é eterno.

Quando chegar o dia de sairmos deste mundo, nós, com o nosso Eu, vamos para a eternidade, mas nosso corpo, que é matéria, é atirado em uma cova.

Nosso corpo vai para o cemitério, mas nós, nosso EU, vamos para o céu, porque amamos a Deus e somos filhos e filhas dele.

Felizes aqueles que compreendem que nós não fomos criados para viver só aqui nesta terra. Fomos criados para viver eternamente com Deus no céu. Felizes os que têm a virtude da Esperança. Felizes os que já estão preparando o seu céu.

25 VIVER COM DEUS, QUE FELICIDADE!

Aqui, neste mundo, ninguém é santo, ninguém é perfeito.

Se alguém ficar santo, não fica nem um minuto a mais aqui na terra. Lugar de Santo é no céu.

Estamos neste mundo não só para crescer corporalmente, mas especialmente na vida espiritual. O crescimento inteiro é amplo.

Felizes os que conhecem os ensinamentos de Cristo, a revelação de Deus.

Felizes os que sabem que nós somos apenas peregrinos aqui neste mundo.

Felizes os que vivem com Deus. Uma esperança que está diante de nós. Um céu nos espera. O céu está aberto para nós.

A felicidade já começa aqui neste mundo.

26 OBRIGADO, SENHOR!

Amar a Deus não é apenas uma ordem, um mandamento, é uma gratidão.

Deus nos dá tudo: a vida, a saúde, os alimentos, a água e o ar que respiramos.

Deus nos ama com um amor infinito e nos dá a capacidade de amar.

Devemos amar a Deus acima de todas as coisas.

Amar a Deus com toda a nossa inteligência, a nossa força e com todo o entusiasmo: eis o segredo de viver bem e viver feliz.

Deus é infinitamente feliz e reparte conosco sua felicidade.

27 DEUS NOS AMOU PRIMEIRO

A maior prova de que amamos a Deus é fazer sua vontade ou, em outras palavras, observar seus mandamentos.

Deus nos deixou dez mandamentos para que, observando-os, sejamos felizes e nossa sociedade seja bem organizada.

Observar os mandamentos divinos é uma necessidade. Quando pegamos caminhos errados, sofremos muito.
Todos os sofrimentos do mundo são consequências dos erros humanos.

Se todos os homens e mulheres observassem os mandamentos de Deus, o mundo seria lindíssimo e muito feliz.

28 O SEGREDO DA ORDEM E DA PAZ NO MUNDO

Os dez mandamentos da lei de Deus são os seguintes:

1. Amar a Deus acima de todas as coisas.
2. Não tomar seu santo nome em vão.
3. Guardar os domingos e dias santos.
4. Honrar pai e mãe.
5. Não matar.
6. Não pecar contra a castidade.
7. Não roubar.
8. Não levantar falso testemunho.
9. Não desejar a mulher ou o marido do próximo.
10. Não desejar as coisas alheias.

29 UM MUNDO FELIZ

Como o mundo seria feliz se todos amassem a Deus e observassem seus mandamentos.

Como o mundo seria feliz, se ninguém matasse outras pessoas.

Como o mundo seria feliz, se ninguém pecasse contra a castidade.

Como o mundo seria feliz, se ninguém roubasse com mãos armadas ou desarmadas.

Como o mundo seria feliz, se não houvesse infidelidade conjugal.

Como o mundo seria feliz, se todos respeitassem os bens dos outros.

O mundo não precisaria mais de soldados, cadeias, penitenciárias, armas, tribunais etc.

O mundo precisa de Deus.

30 DEUS É AMOR

Mas, quem é Deus?
Abramos a Bíblia Sagrada na Carta de São João 4,16: "Deus é Amor, e quem permanecer no Amor permanece em Deus e Deus nele".
Quem tem amor no coração tem Deus dentro de si.
Quem não tem amor não está com Deus.

Um dos segredos da felicidade é viver no amor.
Amar a Deus, amar ao próximo e a si mesmo.

Deus-Amor é a fonte de toda a felicidade.

31 AMOR EM NÓS É DEUS EM NÓS

Quem tem o Deus-Amor dentro de si é: pacífico, paciente, serviçal e não procura só seus interesses.

Quem tem amor: não é ciumento, não é orgulhoso, não se irrita, não guarda rancor.

Quem tem amor: tudo desculpa, sempre perdoa, não é injusto, alegra-se com a verdade, tudo crê, tudo suporta, tudo espera, é sempre carinhoso e não ofende ninguém.

Quem tem amor está sempre feliz e reparte felicidade.

32 O ESPÍRITO SANTO É O DEUS-AMOR

Deus Pai ama seu Filho Jesus Cristo com um amor infinito. O Filho, a Segunda Pessoa da Santíssima Trindade, ama o Pai com um amor infinito. Esse amor do Pai para com o Filho e do Filho para com o Pai é o Espírito Santo, o Deus Amor.

Quem tem o Amor verdadeiro dentro de si tem o Espírito Santo. Essa pessoa passa a ser Templo de Deus, Templo do Espírito Santo e Morada do Altíssimo.

D - EU - S

Deus em mim e Eu em Deus.
Que felicidade!

33 HOMEM E MULHER, IMAGEM DE DEUS

Quando Deus foi criar o homem e a mulher, Ele disse: "Façamos o homem e a mulher a nossa imagem e semelhança".

Todos temos qualidades e defeitos.
Pelas qualidades manifestamos o que Deus fez em nós.
É esta Imagem de Deus que nós devemos transmitir para todas as pessoas.

Nossas qualidades e nossos dons estão em nós não para nosso orgulho, mas para a glória de Deus.

Nossa vida tem de ser um louvor contínuo ao Criador.

34 TODOS NÓS SOMOS FILHOS E FILHAS DE DEUS

A Primeira Pessoa da Santíssima Trindade é Deus Pai. Deus é Pai e o melhor de todos os Pais, pois Ele dá tudo para nós.

A Segunda Pessoa da Santíssima Trindade é Jesus Cristo, que é nosso Irmão.

A Terceira Pessoa da Santíssima Trindade é o Espírito Santo, que é o Espírito Santo, que é o Deus Amor.

Todos os povos da terra, todos nós somos filhos e filhas de Deus. Nós formamos a grande família de Deus. Todos nós somos irmãos.

Com o Amor, que é o Espírito Santo, nós vamos nos amar e viver felizes.

35 PODEMOS CONHECER QUEM É DEUS

Todos nós que jazemos no mundo, estamos dentro de um plano divino. Com a colaboração de nosso pai e de nossa mãe, nascemos.

Com o uso da inteligência, vamos conhecendo o mundo, as pessoas, e chegamos ao conhecimento de Deus e de toda a revelação.

Nossa vida possui três etapas: nove meses no ventre de nossa mãe, alguns anos aqui neste mundo e depois viver eternamente no céu com Deus, nosso Criador.

Felizes aqueles que sabem viver.

36 A FÉ É UMA FORÇA EXTRAORDINÁRIA

Deus nos deixou uma revelação, pela qual conhecemos as coisas de tal forma que jamais poderíamos conhecer pela nossa inteligência.

A fé é o ato de crer naquilo que Deus nos revelou. É um dom de Deus, pelo qual unimos nossa pequena inteligência à grande inteligência de Deus.

Quem não tem fé esclarecida cai em muitas crendices, acredita em coisas inventadas pelos homens.

A fé é luz, é força e une nossa inteligência à inteligência de Deus.

37 TEMOS UM SALVADOR

Por nossa pequena inteligência nunca poderíamos chegar ao conhecimento de muitas coisas espirituais. Mas Deus Pai mandou ao mundo seu próprio Filho, Jesus Cristo, que nos veio ensinar aquilo que o Pai mandou revelar.

A grande revelação de Deus Pai é seu próprio Filho, Jesus Cristo.

Tudo o que Jesus Cristo nos ensinou está ao nosso alcance na Bíblia Sagrada, principalmente no Novo Testamento.

Feliz quem tem fé verdadeira e crê em tudo o que nos foi revelado.

38 DEUS SE REVELA A NÓS

O homem, por meio da revelação divina, começou a saber quem ele deveria adorar, por que adorar e como adorar.

O homem, por meio da revelação, passou a conhecer muitas verdades e a saber o que é certo e o que é errado.

A revelação divina ensina o homem a viver, para ser sempre feliz.

39 O EGOÍSMO LEVA À NEUROSE

Quando uma pessoa fica desequilibrada em seu próprio EU, que se chama Ego, já manifesta um defeito horrível, o Egoísmo.

É muito difícil uma pessoa admitir que é egoísta.

Vai admitir esse defeito, sabendo o que é egoísmo e tendo a virtude da humildade.

A pessoa egoísta sofre muito, porque o mundo não vai girar conforme seus desejos e as pessoas não vão fazer sempre suas vontades.

Acabar com o defeito do egoísmo é aprender a ser feliz.

40 A VIRTUDE DA HUMILDADE

A virtude da humildade não consiste em ser pobre, nem em ser uma pessoa ignorante.

A virtude da humildade consiste em sermos o que somos, com nossas qualidades e nossos defeitos.

A pessoa humilde é muito feliz, porque não fica ferida em seu orgulho.

Deus fez cada pessoa a sua imagem e semelhança.

Nossas qualidades são a manifestação de Deus em nós.

Mas todos nós temos defeitos.

A pessoa humilde é feliz, porque aceita-se como é e trabalha para ser feliz.

A humildade é uma virtude.

41 O ORGULHO PODE SER FERIDO

O orgulho é um defeito de caráter horroroso.

A pessoa orgulhosa julga-se maior do que é e se coloca acima de todas as pessoas.

A pessoa orgulhosa mente e se julga lá em cima.

A pessoa orgulhosa sofre muito, porque se fere facilmente em seu próprio Eu.

A pessoa orgulhosa engana a si mesma e não percebe que os outros estão percebendo seu defeito.

A pessoa humilde é feliz.

O orgulhoso é sempre ferido em seu orgulho.

42 O EGOÍSMO É UM DEFEITO TERRÍVEL

O mundo não vai girar como nós queremos.

Nós não escolhemos o tempo para nascer, nem o lugar para morar.

O sol nunca vai brilhar na hora em que nós mandamos.

A chuva não virá no dia em que desejamos.

O egoísta sofre muito, porque as coisas não vão acontecer como Ele quer. O egoísta vive sempre reclamando, porque sua vontade não é satisfeita todos os dias.

O egoísmo leva a pessoa ao sofrimento.

A virtude da humildade a leva à felicidade.

43 É AMANDO QUE SOMOS AMADOS

Ninguém é obrigado a nos amar, compreender ou dar atenção. O egoísta reclama: ninguém me ama, ninguém me dá atenção, ninguém me compreende. O egoísta sofre.

No ano 1200, um homem, chamado Francisco de Assis, ensinou para todo o mundo e muitos ainda não aprenderam até hoje:

É amando que somos amados.

É compreendendo que somos compreendidos.

É dando atenção que receberemos atenção.

É plantando que colhemos.

É dando que recebemos.

É perdoando que somos perdoados.

44 QUEM SAI DE SI CRESCE COMO PESSOA

Aquele que se doa sai de si mesmo, compreende os outros, cresce como pessoa.

Aquele que faz o bem será amado e querido.

Aquele que estende a mão aos mais necessitados é admirado. Aquele que planta colhe muito mais do que plantou.

Feliz a pessoa que não está fechada em seu egoísmo e nem em si mesma. Essa pessoa aberta sorri para todos e transmite felicidade.

A felicidade está dentro de nós e é preciso reparti-la com os outros, para que ela cresça.

45 A VIDA É UMA DOAÇÃO CONTÍNUA

A vida foi feita para ser vivida e ser doada.

Nós precisamos dos outros e os outros precisam de nós.

Se minha mãe não me desse a luz, eu não estaria vivo. Eu me alimento, porque um irmão da roça plantou aquele arroz, aquele feijão e todos os legumes e frutas. Se eu visto uma roupa, é porque alguém já fez aquele pano e alguém costurou. Se tenho casa, é porque um pedreiro levantou as paredes. Se piso em cima de um asfalto, é porque aquele homem sujo de piche trabalhou debaixo do sol quente, para fazê-lo.

A vida foi feita para ser doada.

46 DOAÇÃO DE VIDA

Feliz quem doa sua vida. Feliz quem trabalha não só para receber um salário no final do mês, mas, principalmente, para ajudar outras pessoas a viverem felizes.

A vida foi feita para ser doada.

Feliz o agricultor, que planta com amor para levar alimento a milhares de pessoas.

Feliz o pedreiro, que levanta a casa para os outros morarem.

Feliz o médico, que trabalha com amor para levar saúde a todos.

Feliz o lixeiro, que trabalha doando sua vida para limpar e levar o conforto a sua cidade.

A vida é uma doação contínua.

47 VOU VIVER E DEIXAR OS OUTROS VIVEREM

Ninguém precisa viver, agir, comportar-se, falar e pensar conforme queremos. Podemos combinar, dialogar e fazer até um contrato trabalhista para agirmos juntos.

As pessoas que exigem que os outros vivam, ajam, como elas querem ficam continuamente contrariadas, aborrecidas e chateadas.

Ficar chateado, aborrecido e contrariado já é um sinal de egoísmo. Evite ser egoísta. O egoísmo leva ao sofrimento.

Ajude, colabore e viva feliz.

48 VIVER E DEIXAR VIVER

Vou viver minha vida e vou deixar os outros viverem. Vou viver minha vida e não vou viver a vida dos outros.

O egoísta quer que todos façam e ajam como ele quer, por isso nunca vai satisfazer seu egoísmo e, como consequência, sofrerá e fará os outros sofrerem.

Vou acabar com o egoísmo em minha vida, fazendo dela uma total doação. Sem egoísmo eu serei muito feliz.

49 EGOÍSMO E NEUROSE ANDAM JUNTOS

O egoísmo é um defeito de caráter que leva à neurose.

O neurótico não controla seus nervos e neurônios. O neurótico está sempre nervoso e transmite nervosismo para as pessoas que estão ao seu lado.

No dia em que o neurótico resolver não ser mais egoísta, ele começará a sarar e caminhará para um comportamento equilibrado. Começará a ser feliz. Mas, é difícil o egoísta admitir que é egoísta.

Egoísmo nunca. Neurose nunca. Equilíbrio emocional, sim. Sem a neurose e sem o egoísmo, eu serei feliz.

50 NÃO SE DEIXAR FERIR NO SEU EU

Nós todos temos dentro de nós um EU.
Esse EU chama-se EGO.
É ele que faz com que eu seja eu, que nos dá perso-nalidade.

Esse EU está em nosso íntimo.
Quem cuida desse EU sou eu.
Eu vou protegê-lo e cuidar dele.

Não são as pessoas que nos ferem.
Somos nós que nos deixamos ferir.

Cuide do seu EU e não deixe que ele seja ferido.
Se ele não for ferido, você será muito feliz.

51
EGO FERIDO NUNCA MAIS

De hoje em diante vou ter mais personalidade e não vou mais deixar-me ferir em meu EU.

De hoje em diante não vou ser mais peteca das palavras e das atitudes dos outros.

Vou cuidar bem do meu EU e não vou deixar-me ferir, nunca mais.

De hoje em diante, vou ser mais feliz, porque sou o que sou e não o que os outros dizem de mim.

Sou feliz, sem o EGO ferido dentro de mim.

52 A PEDRA NO CAMINHO

Um jovem estava guiando seu carro em uma estrada vicinal quando viu uma pedra grande no caminho. Brecou em cima, desviou e começou a xingar a pedra e quem a colocou na estrada. E continuou a viagem.

Outro jovem veio com seu carro na mesma estrada. Não teve tempo de brecar, passou por cima da pedra, provocando um barulhão por baixo do carro. O jovem parou, xingou e olhou embaixo do carro. Não aconteceu nada. Foi embora xingando.

Um terceiro rapaz também passou pela estrada e avistou a pedra. Parou o carro no acostamento, olhou a pedra e pensou: "Essa pedra é perigosa". Saiu, tirou a pedra do caminho, entrou no carro e continuou a viagem. Esse jovem fez um bem e evitou muitos desastres. Qual seria seu comportamento nessa circunstância?

Não sofra, tire a pedra do caminho.

53 NÃO SER REVOLTADO

Quantos se esquecem do hoje e vivem em um passado desagradável. São as pessoas ré-voltadas.

Pessoas que estão sempre voltando, nunca indo para a frente.

Pessoas que não usam de sua capacidade de superação. Vivem sempre ré-voltadas, revivendo coisas desagradáveis e cobrando dos outros cenas horríveis, que já passaram.

Não seja uma pessoa de ré voltada. Viva só o dia de hoje, feliz e alegre.

54 VOU VIVER FELIZ HOJE

Hoje vou viver feliz. Vou agradecer a Deus mais um dia alegre em minha vida. Vou fazer tudo com amor, porque o que é feito com amor não passa. Vou sorrir para todas as pessoas. Não vou ficar mais de ré, voltado para trás, e não vou deixar-me ferir por nada. Vou olhar para o azul do céu. Vou ver com olhos diferentes as flores, as frutas, as estrelas e as pessoas.

Depois de um dia feliz, à noite, vou dormir contente. Amanhã, vou acordar mais feliz ainda.

55 VIVER HOJE

O poeta nos ensina a viver:
Eu quero viver o dia de hoje,
Passado não existe mais.
O que passou, passou...
Eu quero viver somente o dia de hoje.
O futuro não existe ainda.
Não posso ficar preocupado.

A vida é uma alegria.
Vivendo o dia de hoje.
O sol nasce e com ele a luz e a vida.
Viver a vida é viver contente e feliz.

Viver plenamente.
Viver com amor.
Viver feliz.

56 PRÉ-OCUPAÇÃO

Uma das coisas que mais cansa a mente humana é a preocupação.

Mas, afinal, o que é preocupação?

Pré quer dizer antes.

Pré-ocupação é ficar ocupado antes do acontecimento.

Pré-ocupação é ficar ocupado com o que acontece e com o que vai acontecer depois.

A mente fica dividida: aqui, agora e depois.

Uma pessoa pode ter três, cinco, dez e até mais preocupações.

Essa pessoa vai ter cansaço mental e vai chegar ao estresse.

Deixe a pré-ocupação e viva feliz o dia de hoje.

57 A MENTE PRECISA SER CUIDADA

Nós não conhecemos o futuro. Viver com preocupação é viver o futuro, sem saber o que vai acontecer.

A preocupação cansa a mente. A pessoa com a mente cansada ou com estresse não dorme direito e estará sempre com a cabeça pesada.

Se a pessoa continuar assim, poderá ter várias doenças corpóreas e até manchas na pele como psoríase e vitiligo.

Cuide de sua mente. Acabe com a pré-ocupação. Viva feliz, hoje.

58 O PASSADO FICOU PARA TRÁS

A vida é somente o dia de hoje. O passado não existe mais.

Tudo o que passou, passou. O brasileiro diz: "Águas passadas não movem moinhos".

Mas, muitas pessoas vão buscar água podre e estragam o moinho de hoje. Outras pessoas desenterram defuntos, acontecimentos desagradáveis do passado e provocam um mal-estar em todo o ambiente.

O passado desagradável não pode ser vivido. Viva feliz o hoje.

59 EU POSSO VIVER MEU DIA FELIZ

Um dos segredos da felicidade é viver o dia de hoje bem feliz.

Esquecer o passado é quase impossível. Mas, nós temos uma capacidade que precisamos sempre usar. É a capacidade de superação. Podemos superar todo o passado e viver só o dia de hoje.

Viva feliz, hoje. Supere tudo o que foi desagradável e deixe para lá. Passado não existe mais.

Faça tudo com amor e nada vai pesar. Feliz quem vive plenamente o dia de hoje.

60 O DIA MAIS FELIZ

Um dia, vários jornalistas estavam entrevistando Madre Teresa de Calcutá. Um jornalista fez uma pergunta a ela: "Madre Teresa, qual é o dia mais feliz de nossa vida?" Repito: "Qual é o dia mais feliz de nossa vida?"

Madre Teresa, sem titubear, respondeu:

"O dia mais feliz de nossa vida é o dia de hoje. O futuro não existe ainda e o passado não existe mais. O dia mais feliz de nossa vida é o dia de hoje".

Viva feliz hoje.

61 AS BANANAS

Um grupo de jovens visitou um mosteiro. Viram um monge colhendo bananas. Chegando perto do monge, pediram-lhe uma lição de vida.

O monge parou, pegou uma banana podre e mostrou para os jovens. "Esta é a vida que passou e não foi aproveitada". O monge jogou fora a banana podre. Depois pegou uma banana verde e disse: "Esta é a vida que ainda não aconteceu. Vamos guardar esta banana verde e, no momento certo, ela pode ser aproveitada".

Por fim, o monge pegou uma penca de bananas maduras e deu uma para cada jovem. "Este é o momento presente e precisamos vivê-lo. Comam esta banana madura".
Há pessoas que comem banana podre, só vivem o passado. Há pessoas que comem banana verde, só vivem o futuro. Coma só a banana madura e viva feliz o dia de hoje.

62 A VIDA E O SONHO

Um equilibrista estava no meio de uma praça com muitas pessoas em volta dele. Tomou nas mãos três laranjas. Começou a atirá-las para cima. Uma laranja ficava sempre no ar e as outras duas em suas mãos.

De repente, o equilibrista parou e começou a falar para todos que estavam assistindo ao espetáculo: "A nossa vida é como estas três laranjas. Temos uma vida física e uma vida psíquica, isto é: uma vida corpórea e uma vida espiritual. Mas, temos sempre um sonho no ar".

Precisamos ter muito controle, senão estragamos nossa vida física e psíquica, jogando fora nossos sonhos. Quem não é uma pessoa equilibrada não vive a vida e não realiza seus sonhos.

Saiba viver e ser feliz.

63 CRIANÇA, A GRANDE MESTRA DA HUMANIDADE

Como é linda uma criança. Ela merece todo o nosso carinho.

Um dia, Cristo viu os apóstolos discutindo entre si, quem seria o maior deles. Jesus tomou uma criança pelas mãos, colocou-a diante de seus discípulos e disse: "Se vocês não se tornarem como crianças, não entrarão no reino dos céus".

Os apóstolos ficaram olhando para aquela criança linda e sorridente.

A criança é um exemplo para nós. A criança é a grande Mestra da humanidade.

64 APRENDA A VIVER COM A CRIANÇA

Que lição a criança nos dá? Muitas lições:

1. A criança só vive o presente. A criança não tem passado e não está preocupada com o futuro.

2. A criança é pura, simples e sem maldade. A criança não tem segundas ou terceiras intenções. O adulto tem maus pensamentos, tem um coração impuro. Não é simples e está sempre a complicar a vida. O adulto guarda dentro de si muita maldade, ódio, raiva e ressentimentos.

A criança é a grande Mestra da humanidade.

65 SER COMO CRIANÇA

A criança nos dá muitas lições de vida. A criança é sincera, não mente, não tapeia. A criança vai aprender a mentir somente mais tarde, com os adultos. Como o mundo de hoje é cheio de mentiras. Mentiras no comércio, nas propagandas, línguas mentirosas por toda a parte.

A mentira tem perna curta. Logo, todos vão descobrir que foram tapeados e enganados. Como o mundo seria bonito se os adultos não mentissem. A criança é um exemplo para todos nós.

66 CRIANÇA SEGURA, ADULTO FELIZ

Uma das grandes lições da criança é: a criança coloca sua segurança no vertical.

A criança coloca toda a sua segurança no pai e na mãe, que são os representantes de Deus na terra.

A criança não coloca sua segurança no dinheiro, no banco, na casa e nem nas coisas externas.

Que lição maravilhosa a criança nos dá. Nossa segurança deve ser no vertical: em Deus, e não no horizontal: em coisas que nos cercam.

Estou seguro nas mãos de Deus.

67 LIÇÕES QUE A CRIANÇA NOS DÁ

Olhe para uma criança. Cristo está colocando-a diante de você.

A criança só vive o momento presente, não está preocupada com as coisas futuras.

A criança é maravilhosa, pura, sem malícias e sem segundas intenções.

A criança é sincera, fala a verdade, não mente. Vai aprender a mentir com os adultos.

A criança coloca sua segurança nos pais, que são os representantes de Deus na terra.

A criança, a grande Mestra. Aprendamos a viver felizes.

68 ESTAMOS SEMPRE APRENDENDO

O dia mais belo? Hoje.
A coisa mais fácil? Errar.
O maior obstáculo? O medo.
A raiz de todos os males? O egoísmo.
A distração mais bela? O trabalho.
A pior derrota? O desânimo.
O nosso maior defeito? O mau humor.
A pessoa mais perigosa? A mentirosa.
O presente melhor para dar? O perdão.
O bem mais imprescindível? O lar.
A rota mais rápida? O caminho certo.
A sensação mais agradável? A paz interior.
A maior satisfação? O dever cumprido.
Os melhores professores? As crianças.
As pessoas mais necessárias? Os pais.
A força mais potente no mundo? A fé.
A mais bela de todas as coisas? O amor.
Sempre o amor.

Madre Teresa de Calcutá

69 MEDO INFANTIL

Os adultos na roça colocam muito medo nas crianças. À noite vai aparecer a assombração. Cuidado com a cobra, ela pica e mata. O escorpião corre atrás de você. Cuidado com o saci-pererê, a bruxa, o lobisomem. O adulto canta: "Dorme, nenê, que a cuca vem pegar. Papai está na roça e a mamãe no cafezal". O defunto vai aparecer de noite.

São medos infantis desproporcionais. Esses medos são imaginativos e precisam ser tirados da cabeça da criança. Se esses medos não forem tirados, vão aumentando no decorrer do tempo. Esses medos levam as pessoas à neurose fóbica e à síndrome do pânico. Liberte-se do medo e seja feliz.

70 MEDO INFANTIL NÃO SUPERADO

Na cidade, especialmente nos grandes centros, as crianças são vítimas do medo, muito mais do que na roça.

Cuidado, você não pode sair de casa sozinho, alguém leva você embora. Feche a porta, senão entra ladrão. Aquela pessoa foi sequestrada. Mataram o vizinho a pauladas e o outro levou um tiro. Escute o barulho do carro da polícia. Ela está perseguindo um ladrão. A televisão está ligada. Quanto roubo. Quanta morte. Os vídeos apresentam filmes de terror.

Pobre criança moderna. O medo toma conta de sua cabeça. Liberte-se de todos os medos infantis, para você ser feliz.

71 NEUROSE FÓBICA

Pertence a uma boa pedagogia os pais tirarem da cabeça dos filhos todos os medos desproporcionais. Se esses medos não forem tirados, eles vão aumentando no decorrer do tempo e teremos o adulto neurótico fóbico. *Fobôs* em grego quer dizer "medo".

Há muitos adultos que não superaram o medo infantil e continuam a cultivar o medo.

A neurose fóbica é uma realidade. Muitos adultos têm medo da altura, de elevador, ficar sozinho, de bichinhos, de animais e outros medos infantis.

Liberte-se o quanto antes desses medos infantis, para você ser feliz.

72 MEDO CRESCE, SE NÃO FOR TIRADO

Nós precisamos tirar de dentro de nós os medos desproporcionais: medo de bichos como formiga, cachorro, gato, barata e outros animais. Medo de ficar só ou de dormir sozinho. Medo de ficar no meio de uma multidão, medo de elevador e medo de tomar injeção.

Esses medos desproporcionais, no adulto, não podem existir. É você quem vai tirar esse medo, e não os outros.

Liberte-se o quanto antes, para você não ser um neurótico fóbico. Liberdade e felicidade para você.

73 NÃO FAÇA AMEAÇAS A SI MESMO

Há pessoas que se fazem muitas e muitas ameaças.

* Eu vou morrer.
* Eu vou ficar doente.
* Essa comida vai me fazer mal.
* Não vou viajar, vai acontecer um desastre.
* Vou perder um filho ou minha mãe.
* Estou sentindo que vai acontecer algo ruim.
* Não vou conseguir pagar a dívida.
* Eu vou parar no hospital.
* A morte já está chegando.
* Meu filho vai ser preso.

10 ameaças horríveis.

Cada ameaça provoca: Angústia – Ansiedade – Nervosismo e Desespero.

Não faça ameaças a si mesmo.

Pare de judiar de você e seja feliz.

74 O FUTURO É DESCONHECIDO

Fazer ameaças a si próprio é um negativismo, é criar medos imaginativos na mente.

Nós não conhecemos o futuro. Não sabemos se vamos morrer amanhã. Não sabemos se vai acontecer algum desastre durante a viagem. O futuro a Deus pertence.

Quem faz ameaças a si mesmo sofre com antecedência e sofre à toa. A pessoa que faz ameaças a si mesmo sofre de angústia, ansiedade, tensão nervosa e desespero.

Seja positivo. Não judie de você, fazendo-lhe ameaças. Sendo positivo, e não negativo, você pode ser feliz.

75 O MEDO É IMAGINATIVO

Fobia é um medo irracional, persistente, de alguma coisa, de um objeto ou situação.

Alguns medos:
Astrofobia – Medo de chuva.
Hemafobia – Medo de sangue.
Misofobia – Medo de micróbio.
Monofobia – Medo de ficar só.
Nictofobia – Medo da noite.
Patofobia – Medo de doença.
Hisofobia – Medo de bichos.
Ailurofobia – Medo de gato.
Ofidiofobia – Medo de cobra.
Cinofobia – Medo de cachorro.
Agorafobia – Medo de multidão.

Se uma pessoa não tomar cuidado, poderá ter 200 medos dentro de sua imaginação. Liberte-se. Tire seus medos para ser feliz.

76 ESTAMOS SEGUROS NAS MÃOS DE DEUS

A passagem bíblica diz claramente: "Quem ama a Deus não precisa temer nada, nem a morte".

Nós precisamos colocar nossa segurança no vertical, isto é: em Deus. Eu estou seguro nas mãos de Deus. Eu tenho do meu lado um anjo da guarda que me protege.

Pare de cultivar medos infantis. Tenha personalidade e viva sua vida sem ameaças. Tenha fé: Deus está protegendo você há muito tempo.

Liberte-se. É você que vai tirar esses medos infantis. Sem medo, você será mais feliz.

77 MUITOS ESTÃO AMARRADOS ATÉ HOJE

A história do elefante amarrado nos dá uma lição. Um treinador de elefante conseguiu um fato inédito: amarrá-lo com um barbante em um pequeno galho de árvore.

Como conseguiu isso?

Quando o elefante era pequeno, o treinador o amarrou com um corda forte em um tronco de árvore.

Com o tempo, o elefante foi se acostumando e não fez mais força para se libertar.

Muitas pessoas agem como esse elefante. Têm medo infantil e não se libertam. Conservam desde criança um defeito de caráter e não tiram de si esse defeito. Quantos estão presos a um fato do passado e continuam de ré voltados. Quantos são dependentes químicos e não sabem libertar-se. A história está aí: um elefante forte preso por um graveto. Libertação, sinônimo de felicidade.

78 TER PROBLEMAS É PRÓPRIO DE NOSSA VIDA

Todos nós temos problemas. Os problemas devem ser resolvidos na medida do possível.

Se uma pessoa não resolve seus problemas, esses vão se acumulando. O problema que não tem solução já está resolvido. O caipira brasileiro, com a sabedoria popular, diz: "O que não tem remédio, já está remediado".

A pessoa nunca deve ficar sofrendo por aquilo que não tem jeito ou solução. O melhor é aceitar aquilo que é impossível de mudar.

Saiba viver e você será sempre feliz.

79 A PESSOA NEGATIVA VAI POR CAMINHOS ERRADOS

Nós temos na vida o positivo e o negativo. Nós somos mente que comanda e corpo que obedece.

Se colocarmos em nossa mente só o negativo, vamos tomar caminhos errados e podemos passar por muitos sofrimentos.

Quando nós nos colocamos o negativo, estamos colocando a mente contra nós.

Precisamos ser positivos e assim venceremos os obstáculos da vida. Vamos sempre acertar, pegando o caminho certo.

Aprenda a viver para ser feliz.

80 UMA HISTÓRIA NA NOITE DE NATAL

Um casal está diante de uma belíssima árvore de Natal. Dezenas de luzes estão piscando.

O marido começa a reclamar da vida: "Para mim nada dá certo. O ano está terminando e eu não consegui fazer aquele negócio. Agora, não sei quando vou realizar este meu sonho".

A esposa olha para as luzes e para o Menino no presépio. O marido reclama: "Você não está ouvindo o que eu estou falando?" "Sim", respondeu a esposa: "Você, querido, não enxerga dezenas de lâmpadas piscando. Você, querido, não enxerga tantas e tantas graças que recebemos de Deus neste ano. Você, querido, está enxergando só aquela lâmpada apagada. Ela está queimada".

A felicidade está tão perto de nós e não a enxergamos.

81 COLOQUE O TIJOLO DE HOJE

A vida é hoje, no presente.

Nunca poderei ficar preocupado com o que ainda não aconteceu. A preocupação é perda de tempo. O importante é o agora e não o que vai acontecer. Nós não conhecemos o futuro.

O trabalho não mata, mas a preocupação mata. Coloque seu tijolo de hoje, bem colocado. Não coloque tijolo no ar, senão amanhã você vai ficar confuso e não saberá qual tijolo assentar. Sua vida passa a ser uma confusão.

Não sofra com antecedência, coloque só o tijolo de hoje. Cuidado com a imaginação.

Ser feliz hoje, segredo de felicidade.

82 UM LAR DE PAZ E FELICIDADE

No mundo de hoje, há muitas coisas erradas e muitas contradições. Um lar cristão nunca poderá seguir ou concordar com tantos erros. Em um lar cristão há tantas coisas positivas: paz, compreensão, unidade e filhos que estão sendo educados no caminho certo.

Há problemas, mas eles fazem parte de nossa vida. Há lutas e dificuldades. É certo. Mas, para subir uma escada ou subir na vida, precisamos lutar e vencer.

Eu quero fazer de meu lar um lugar de paz. Se eu plantar cada dia uma flor, meu lar será um jardim maravilhoso e haverá muita alegria e felicidade dentro dele.

83 SABER VIVER É SÓ APRENDER

Algumas frases nos ensinam a viver e a viver bem. Estas frases são experiência de vida:

* Sua irritação não soluciona problema algum.
* Suas contrariedades não alteram a natureza das coisas.
* Seu mau humor não modifica a vida.
* Sua dor não impede que o sol brilhe de manhã para todos.
* Sua tristeza não iluminará nenhum caminho.
* Seu desânimo não edificará ninguém.
* Suas reclamações fazem de você uma vítima, que deve sofrer muito mais ainda.

Mude seu modo de viver, para ser feliz.

84 A CRIATURA HUMANA É LIVRE

Nós encontramos muitas pedras no caminho. Mas não reclame, tire essas pedras e você estará ajudando a si e aos outros.

Muitas flores têm espinhos. Pegue as flores, sem se machucar nos espinhos.

Existe o bem e o mal. Deus dá a liberdade para escolher. Se você escolheu o bem, acertou. Se escolher o mal, você perde a liberdade, porque foi levado por uma paixão qualquer.

Seja livre, escolha o bem. Para ser feliz, é preciso saber viver.

85 A VIDA É VIDA

Madre Teresa de Calcutá deixou para nós estes ensinamentos:

A vida é uma oportunidade... Aproveite-a.
A vida é uma beleza... Admire-a.
A vida é uma felicidade... Saboreie-a.
A vida é um desafio... Enfrente-o.
A vida é um jogo... Jogue-o.
A vida é preciosa... Proteja-a.
A vida é uma riqueza... Conserve-a.
A vida é amor... Desfrute-o.
A vida é mistério... Desvende-o.
A vida é uma promessa... Cumpra-a.
A vida é tristeza... Supere-a.
A vida é um hino... Cante-o.
A vida é um combate... Aceite-o.
A vida é uma tragédia... Domine-a.
A vida é uma aventura... Encare-a.
A vida é um gozo... Mereça-o.

A vida é vida... Defenda-a!

86
O EQUILÍBRIO NA VIDA

A pessoa equilibrada tem:
A cabeça no lugar, bom sentimento interno, idealismo nos olhos e os dois pés no chão.

A pessoa alegre:
Sorri, transmite felicidade, emociona-se com as coisas boas da vida.

A pessoa que sabe viver:
Ama a si mesma, amigos e amigas, cultiva as flores e cuida dos animais.

A pessoa que ama a arte:
Admira as paisagens, as cores, gosta de poesia e ouve músicas agradáveis.

A felicidade está bem perto de nós.

Seja feliz.

87 BONDADE, REFLEXO DE DEUS

A pessoa quando é boa:
Transmite bondade, sabe perdoar, reparte carinhos, sabe conviver e respeitar o modo de viver dos outros.

A pessoa responsável:
Cumpre seus deveres, trabalha com amor, não prejudica ninguém e está em dia com seus compromissos.

A pessoa fiel e séria:
Dá bom exemplo, aconselha, busca a verdade e segue o caminho certo.

A pessoa aberta:
Quer sempre aprender, tem o coração aberto a todos e respeita a opinião dos outros.

Como é bom ser bom, é ótimo.

88 FORTALEZA OU FRAQUEZA HUMANA

A pessoa forte:

Cai e se levanta sem reclamar; não paga ódio com ódio; quando erra, reconhece seu erro; suporta com fé os sofrimentos e as dificuldades. A pessoa forte, se receber um tapa na face direita, oferece também o lado esquerdo.

A pessoa fraca:

Só reclama da vida o dia inteiro; quer sempre se vingar; não controla suas emoções; sofre muito com os sofrimentos normais da vida e não quer saber de nada.

Viver feliz depende de cada pessoa.

Vai viver feliz quem sabe viver.
Aprenda a viver para ser feliz.

89 QUER SER FELIZ? ESCOLHA O BEM

O ser humano é um ser livre, mas muitos não usam corretamente sua liberdade.

Muitos cometem erros, desatinos, besteiras, e perdem a liberdade, pois são arrastados por paixões, ódio, vingança e ambições.

Muitos arrastam-se na vida: cultivam a angústia e o medo. Quando poderiam ter uma vida tranquila e feliz, judiam de si mesmos e sofrem sem necessidade.

É preciso ter coragem de mudar. Somos nós que construímos ou destruímos nossa felicidade.

A vida é simples, não a complique. Aprenda a viver feliz.

90 NÃO ESTRAGUE SEU DIA

Quem vai viver sua vida é você. Saber viver o dia a dia é uma sabedoria.

Não estrague seu dia!
Frase curta, mas de um realismo muito grande. Somos nós que fazemos nosso dia bom ou ruim, triste ou alegre.

É claro que outras pessoas podem atrapalhar, mas a última palavra é sua.

Não estrague seu dia!
Nem tudo é ouro ou azul. Um negócio não deu certo. O nosso time perdeu. Uma doença surgiu. O desânimo não pode tomar conta de nós. O pessimismo não pode invadir nosso pensamento. Nas trevas, há sempre uma luz. Olhe para ela.

Você pode ser feliz.

91 POSITIVO E NÃO NEGATIVO

Não chore pelo que você não tem; dê valor àquilo que você tem.

O negativismo destrói e o positivo constrói.

Tenha personalidade. Acredite em você. Tomou o caminho errado e agora está sofrendo? Tenha coragem de voltar e pegar o caminho certo.

Acredite em você. Acredite em sua vontade férrea.

Aprenda a viver! Aprenda a vencer!

É errando que aprendemos o caminho certo. Não estrague seu dia, seja qual for sua idade. Você nasceu para ser feliz.

92 AMIGOS VERDADEIROS SÃO POUCOS

Os amigos são poucos. É na noite escura que nós vemos as estrelas brilharem. É na noite escura do sofrimento, na hora dura da vida, que vamos conhecer nossos verdadeiros amigos.

É fácil dizer que é amigo na hora de festa, na hora de um banquete e nas horas de alegria.

O verdadeiro amigo é aquele que nos dá a mão a qualquer hora do dia ou da noite.

Ser amigo é um dom. Os verdadeiros amigos são poucos.

93 AMIGO VERDADEIRO É RARO

O amigo verdadeiro diz sempre a verdade. O verdadeiro amigo traz alegria, transmite paz, inspira confiança e seu sorriso comunica esperança.

O verdadeiro amigo sempre perdoa nossas falhas. O verdadeiro amigo não é Mestre, mas companheiro, com o qual podemos caminhar nas horas fáceis e nas horas difíceis da vida.

Com o verdadeiro amigo, nós podemos dialogar, desabafar, e ele nunca leva para a frente nossos segredos.

Precisamos ser amigos, para ter amigos verdadeiros.

94 TER AMIZADE É UMA GRAÇA

O verdadeiro amigo não diz de manhã só "bom dia", mas abre seu coração com um sorriso amável.

Com um verdadeiro amigo, temos coragem de dizer as coisas íntimas de nosso coração e expor para ele as nossas dificuldades.

O verdadeiro amigo não está preocupado em dar ou receber, mas está pronto para compartilhar.

Nós podemos ser e ter bons amigos. O verdadeiro amigo é uma luz, que vem de Deus para nós.

Felizes os que têm amigos verdadeiros.

95 DINHEIRO, INVENÇÃO DOS HOMENS

Muitas pessoas sofrem por causa do dinheiro. Esta frase deveria estar escrita em toda a parte: "Controle seus gastos e você poderá ficar rico".

Quantos estão por aí, devendo e sofrendo a falta de dinheiro.
Contabilidade é preto no branco e branco no preto.
Muitos nem sabem o que é contabilidade.
O dinheiro some e não sabem para onde vai.

Não sofra mais. Nós valemos muito mais do que todo o dinheiro que existe no mundo. Não vale a pena sofrer por causa de dinheiro.

Seja feliz, sabendo viver.

96 O CIÚME PODE SER TIRADO

Um defeito de caráter, que faz muitas pessoas sofrerem, é ter ciúme.

Há três tipos de ciúme:
1. Ciúme normal: Esse ciúme é chamado também de competitivo. Um(a) esposo(a) toma conta de sua esposa(o) e ataca todos que olharem para ela(e). O ciúme atinge a 3ª pessoa, que está olhando para a(o) esposa(o).
2. Ciúme de transferência: O ciúme transfere os problemas dos outros para a(o) esposa(o). Muitas(os) enganam o marido(a mulher), a(o) minha(meu) também está me enganando. O(A) ciumento(a) maltrata a 2ª pessoa, que é a(o) esposa(o).
3. Ciúme compulsivo: minha(meu) esposa(o) saiu, eu vou atrás. Vou telefonar, ela(ele) está me enganando. O ciúme compulsivo maltrata a 1ª, 2ª e 3ª pessoas.

97 LIBERTE-SE DO CIÚME

O defeito de caráter chamado ciúme destrói a felicidade e faz do lar uma guerra doméstica.

O primeiro ciúme, chamado de normal, é um defeito competitivo, que pode ser tirado.

O segundo ciúme, chamado de transferência, é doentio. O ciumento prejudica a pessoa, que diz que ama. Coloque amor e não maltrate a pessoa amada.

O terceiro ciúme, chamado compulsivo, é horroroso e doentio. O ciumento controla todos os passos da pessoa, que ele diz amar, mas não ama nada.

Liberte-se o quanto antes desse defeito horrível de caráter. Liberte-se antes que seja tarde.

98 QUEM TEM CIÚME NÃO AMA

O ciúme não pode permanecer dentro de uma pessoa. O ciumento maltrata muito a pessoa que diz amar. A pessoa maltratada aguenta durante algum tempo e depois não mais.

Vamos colocar aqui a realidade.
A Bíblia diz: "O amor não é ciumento".
Se existe ciúme, é porque não existe amor.

Se uma pessoa ama alguém, não vai maltratar aquela pessoa nem vai ter ciúmes dela.
"O amor não é ciumento."

Está na hora de eliminar esse defeito de caráter, que é o ciúme, e colocar dentro de si o AMOR, que é Deus.

99 O QUERO-QUERO INFANTIL

As crianças têm um defeito que precisa ser corrigido: quase todas elas são "Quero... Quero". Quando querem alguma coisa, ficam insistindo: "Quero... Quero".

Muitas vezes, o que pedem é difícil de ser conseguido ou está acima da capacidade econômica dos pais.

Muitas pessoas não corrigem esse defeito infantil e crescem com o defeito: Quero... Quero...

Quando não conseguem alcançar seus desejos, ficam irritadas, depressivas, frustradas e o mundo acabou para elas.

Não podemos ser quero... quero.
Tire o defeito infantil e você viverá mais feliz.

100 O BEIJA-FLOR É MUITO LINDO

Quero-quero é um passarinho muito feio. Ele fica sempre no chão com outros companheiros e gritando "Quero... Quero... Quero".

O poeta, que observa a natureza, fez esta poesia:
Eu não quero ser um quero-quero,
Mas, sim, um beija-flor.

Como é lindo o beija-flor, recoberto de tantas cores. Cores em um verdadeiro candor, simbolizando os amores.

O beija-flor é uma ave linda, que voa bonito, paira no ar e chega a dar ré, voando.

O Poeta continua a cantar o beija-flor: Lá no alto já faz seu ninho, recoberto de lindo algodão; parece uma carícia, saída do coração.

Oh! Quem me dera ser beija-flor, levando na alma a candura. Coberto de lindas cores, levando no coração a doçura.

Eu quero ser feliz, voando como um beija-flor, até encontrar meu ninho nos braços do CRIADOR.

ÍNDICE

Apresentação 5
1. Saber viver feliz 9
2. Autoestima é fundamental na vida 10
3. Amar é um dom 11
4. O amor começa consigo mesmo 12
5. Ame a si mesmo e viva feliz 13
6. Aceitar a si mesmo é um segredo 14
7. A nossa vida é uma convivência 15
8. Feliz quem ama 16
9. O amor deve ser estendido a todos 17
10. O domínio de si é maravilhoso 18
11. Necessidades básicas 19
12. Aprenda a viver feliz 20
13. Viver só o dia de hoje 21
14. Viver a vida é viver dia a dia 22
15. Dia bem vivido e bem dividido 23
16. Dormir bem e levantar contente 24
17. O sono é mais do que uma necessidade 25
18. A insônia é um mau sinal 26
19. Mente sadia dirige a própria vida 27
20. Mente cansada não dorme 28
21. Eu com Deus e Deus comigo 29
22. A vida é um dom de Deus 30
23. Que mistério: ser deus com Deus 31
24. Nós somos imortais 32
25. Viver com Deus, que felicidade! 33
26. Obrigado, Senhor! 34
27. Deus nos amou primeiro 35
28. O segredo da ordem e da paz no mundo 36
29. Um mundo feliz 37
30. Deus é amor 38
31. Amor em nós é Deus em nós 39
32. O Espírito Santo é o Deus-amor 40

33. Homem e mulher, imagem de Deus 41
34. Todos nós somos filhos e filhas de Deus.................42
35. Podemos conhecer quem é Deus 43
36. A fé é uma força extraordinária...........................44
37. Temos um salvador 45
38. Deus se revela a nós..46
39. O egoísmo leva à neurose.....................................47
40. A virtude da humildade 48
41. O orgulho pode ser ferido 49
42. O egoísmo é um defeito terrível............................50
43. É amando que somos amados 51
44. Quem sai de si, cresce como pessoa.......................52
45. A vida é uma doação contínua...............................53
46. Doação de vida...54
47. Vou viver e deixar os outros viverem.......................55
48. Viver e deixar viver...56
49. Egoísmo e neurose andam juntos...........................57
50. Não se deixar ferir no seu eu 58
51. Ego ferido nunca mais 59
52. A pedra no caminho..60
53. Não ser revoltado...61
54. Vou viver feliz hoje..62
55. Viver hoje...63
56. Pré-ocupação 64
57. A mente precisa ser cuidada 65
58. A passado ficou para trás 66
59. Eu posso viver meu dia feliz 67
60. O dia mais feliz 68
61. As bananas 69
62. A vida e o sonho 70
63. Criança, a grande mestra da humanidade................71
64. Aprenda a viver com a criança 72
65. Ser como criança...73
66. Criança segura, adulto feliz..................................74
67. Lições que a criança nos dá..................................75

68. Estamos sempre aprendendo 76
69. Medo infantil 77
70. Medo infantil não superado 78
71. Neurose fóbica 79
72. Medo cresce, se não for tirado 80
73. Não faça ameaças a si mesmo 81
74. O futuro é desconhecido 82
75. O medo é imaginativo 83
76. Estamos seguros nas mãos de Deus 84
77. Muitos estão amarrados até hoje 85
78. Ter problemas é próprio de nossa vida 86
79. A pessoa negativa vai por caminhos errados 87
80. Uma história na noite de Natal 88
81. Coloque o tijolo de hoje 89
82. Um lar de paz e felicidade 90
83. Saber viver é só aprender 91
84. A criatura humana é livre 92
85. A vida é vida 93
86. O equilíbrio na vida 94
87. Bondade, reflexo de Deus 95
88. Fortaleza ou fraqueza humana 96
89. Quer ser feliz? Escolha o bem 97
90. Não estrague seu dia 98
91. Positivo e não negativo 99
92. Amigos verdadeiros são poucos 100
93. Amigo verdadeiro é raro 101
94. Ter amizade é uma graça 102
95. Dinheiro, invenção dos homens 103
96. O ciúme pode ser tirado 104
97. Liberte-se do ciúme 105
98. Quem tem ciúme não ama 106
99. O quero-quero infantil 107
100. O beija-flor é muito lindo 108

Este livro foi composto com as famílias tipográficas Segoe e Trajan Pro
e impresso em papel Offset 75g/m^2 pela **Gráfica Santuário.**